Doris Doppler

Kunden gewinnen mit White Papers

Content Marketing Guide 2

ISBN-10: 1479285099 | ISBN-13: 978-1479285099

Das Werk einschließlich aller seiner Teile ist urheberrechtlich geschützt. Jede Verwertung – auch auszugsweise – ist nur mit Zustimmung der Verfasserin erlaubt. Die Inhalte dieses Buches wurden von der Verfasserin sorgfältig erarbeitet und geprüft. Die Verfasserin übernimmt jedoch keine Gewähr für die Richtigkeit, Vollständigkeit und Aktualität der Inhalte. Jegliche Haftung ist somit ausgeschlossen.

Copyright © 2012 Doris Doppler. Alle Rechte vorbehalten.

Erschienen im Eigenverlag: Doris Doppler, Innsbruck

web: www.textshop.biz | www.ddoppler.com
mail: office@textshop.biz

Printed in Germany by Amazon Distribution GmbH, Leipzig

INHALT

Content Marketing: Mit Inhalten überzeugen 1

Die Grundlagen

Was sind White Papers? 5
Vorteile von White Papers 7
Vermarkten von White Papers 10

Das Konzept

Das Ziel 17
Die Leser 18
Das Thema 21
Die Nutzenargumentation 23
Die Inhalte 26
Die Länge 30

Der Aufbau

Der Titel 35
Die Einleitung 38
Das Problem 40
Die Lösung 42
Die Produktinfo 44
Der Schluss 46

Schreiben und gestalten

Gut formulieren 51
Glaubwürdig texten 54
Subheads einfügen 57
Tipps fürs Layout 59

Literatur 63
Die Autorin 65

Content Marketing: Mit Inhalten überzeugen

Ein Vorwort.

Angenommen, Sie verkaufen Schuhe und wollen sie auch über einen Mobile Shop vertreiben. Sie lassen sich von mehreren Anbietern Unterlagen schicken und vergleichen sie. Was überzeugt Sie mehr: eine Broschüre, die die Shoplösung in den Himmel lobt oder eine Fallstudie, die zeigt, wie der Mobile Shop einem Schuhhändler 630.000 Euro Umsatz im ersten Jahr gebracht hat?

Wahrscheinlich zweiteres.

Und genau darin liegt die Stärke von Content Marketing: Es geht um Informationen, die dem potenziellen Kunden weiterhelfen – in Form von Fallstudien, White Papers, eBooks, Blogs, Videos, Anleitungen etc.

Anders als bei herkömmlichen Flyern, Anzeigen oder Broschüren steht nicht das beworbene Produkt im Mittelpunkt, sondern wertvolles Wissen und spannende Unterhaltung. Kurz: Sie bieten dem Kunden nützlichen Mehrwert und machen sich dadurch attraktiv.

Mit Content Marketing präsentieren Sie sich als hilfreicher Experte, als kompetenter Berater. Sie tauschen Inhalte gegen Vertrauen und Loyalität. Sie kommunizieren, ohne zu verkaufen. Und profitieren schließlich von höheren Umsätzen.

Wie Sie dabei in der Praxis vorgehen und Fallstudien, White Papers & Co erstellen, erfahren Sie in meiner Buchreihe „Content Marketing Guide" – schlanke Ratgeber für viel beschäftigte Praktiker.

Viel Erfolg und allzeit guten Umsatz!

Doris Doppler

Die Grundlagen

Was sind White Papers?

Worum's bei White Papers geht.

In einem White Paper zeigen Sie dem Leser, wie er ein technisches oder geschäftliches Problem lösen kann. Zum Beispiel, wie er seinen Online-Shop abmahnsicher gestaltet. Oder wie er die Produktivität von virtuellen Assistenten steigert.

Sie können auch aktuelle Trends, neue Konzepte oder Analysen in White Papers behandeln. Egal, ob aus dem Technologie- oder Managementbereich.

Mit einem White Paper informieren Sie Ihre Zielgruppe über verschiedene Problemlösungen und helfen ihr beim Analysieren und Bewerten. Das macht das Paper für Entscheidungsträger so interessant. Und so bekommen Sie einen Fuß in die Tür – als seriöser Anbieter, der weiß, was seine Kunden bewegt.

All diese Inhalte vermitteln Sie praxisorientiert, kompetent, verständlich und objektiv, ergänzt durch Grafiken und Diagramme. Erst am Schluss des Textes weisen Sie auf Ihr eigenes Produkt hin, mit dem sich das beschriebene Problem lösen lässt.

Das macht ein White Paper zu einem hochwertigen Dokument, das dem Leser wertvolle Informationen liefert. Der Verkaufsgedanke wird dabei hintangestellt – im Gegensatz zu Broschüren oder Mailings. Es geht um Expertenwissen, nicht um Werbung. Und genau das macht ein White Paper so schlagkräftig.

Üblicherweise sind White Papers zwischen drei und 14 Seiten lang. Das heißt, Sie können Ihr Thema ausführlich behandeln, Vor- und Nachteile von Lösungen beschreiben und alternative Methoden vergleichen.

Info

Relevanz bei Kaufentscheidungen.

In einer US-amerikanischen Studie aus dem Jahr 2011 wurden Investitionsentscheider im B2B-Technologie-Bereich befragt, welche Verkaufs- und Marketingunterlagen sie bei Kaufentscheidungen hinzuziehen. 62 Prozent der Studienteilnehmer gaben an, White Papers im Rahmen von technologischen Kaufentscheidungen zu lesen. 65 Prozent davon bewerteten White Papers als „sehr" bzw. „extrem einflussreich" bei ihrer Entscheidung.

Quelle: Eccolo Media: 2011 B2B Technology Collateral Survey Report. San Francisco, 2011.

Vorteile von White Papers

Was bringen White Papers?

Hohe Glaubwürdigkeit.
White Papers sind aus verschiedenen Gründen glaubwürdiger als Broschüren oder Webseiten: Sie sind in einem journalistisch-objektiven Stil verfasst und (hoffentlich) frei von Marketingfloskeln. Sie beinhalten Zahlen, Statistiken, Diagramme, versehen mit Quellenangaben. Und auch das Layout wirkt seriös: Es ist meist nüchtern gestaltet und ähnelt wissenschaftlichen Aufsätzen – das weckt Assoziationen mit einem akademischen Umfeld, mit universitärem Expertentum.

Imagebildung.
Mit White Papers weisen Sie sich als Experte aus, als versierter Fachmann, der sich auf profunde Weise mit Branchenproblemen auseinandersetzt, mit technologischen Trends oder zukünftigen Entwicklungen. Sie zeigen, dass Sie zu den Vordenkern gehören und Ihrer Zeit einen Schritt voraus sind. Das weckt Vertrauen – bei Ihrer Zielgruppe ebenso wie bei Investoren oder Presse.

Inhaltliche Tiefe.
Wahrscheinlich kennen Sie das aus Ihrer täglichen Arbeit: Sie müssen einen Werbetext für ein komplexes Produkt schreiben und hadern mit dem Platz, der Ihnen zur Verfügung steht. Auf einem Flyer oder einem Werbebrief lassen sich nun mal nicht alle Details unterbringen; Sie müssen kürzen, streichen und vereinfachen – und darunter leidet oft eine überzeugende Darstellung. Bei einem White Paper hingegen können Sie in die Tiefe gehen und sich mit den Einzelheiten von Problemen und deren Lösungen beschäftigen.

Virale Wirkung.

Ein interessantes, wegweisendes White Paper verbreitet sich oft von selbst – es wird viral. So erreichen Sie eine größere Leserschaft und werden von potenziellen Kunden entdeckt. Unterstützen Sie dies, indem Sie das White Paper geschickt im Internet platzieren, für Suchmaschinen optimieren und es mit Share Buttons (für Facebook etc.) versehen.

Zielgruppengerechte Argumente.

Bei der Planung des White Papers setzen Sie sich intensiv mit der anvisierten Leserschaft auseinander: Richtet sich der Text an technische Experten oder an kaufmännische Entscheider? In ersterem Fall können Sie sich ausführlich den technischen Aspekten einer Problemlösung widmen; wenn Sie sich an Manager wenden, stehen die kaufmännischen Argumente und Vorteile im Vordergrund. So können Sie sich auf die Bedürfnisse der Zielgruppe einstellen und müssen sprachlich keine faulen Kompromisse schließen.

Leadgenerierung.

Sie können den Download des White Papers so einrichten, dass der Interessent seine Kontaktdaten angeben muss. So erhalten Sie hochwertige Kontakte für Ihren Vertrieb; Daten von potenziellen Kunden, die meist gerade in der Entscheidungsphase stecken, Informationen sammeln und White Papers zur Entscheidungsfindung heranziehen. Je spezifischer das White Paper auf Ihre Zielgruppe zugeschnitten ist und an sie vermarktet wird, umso qualifizierter sind die Leads. Andernfalls müssen Sie damit rechnen, dass Ihr White Paper auch von Studenten, Konkurrenten, Beratern, Analysten und anderen Lesern angefordert wird, die keine Kaufabsicht haben.

Vielfältige Nutzung.

White Papers sind vollgepackt mit wertvollen Infos und frei von plumper Werbung. Das macht sie zu vielseitigen Marketingwerkzeugen. Sie können eingesetzt werden als Beilagen zu Mailings, als Handouts bei Vorträgen oder Präsentationen, als

Download auf der Webseite, als Basis für Fachartikel oder Blogposts, als Begrüßungsgeschenk für neue Newsletter-Leser und vieles mehr.

Info

In Sachen Effektivität.

In einer Studie des US-amerikanischen Content Marketing Institutes zusammen mit MarketingProfs aus dem Jahr 2011 bewerten 60 Prozent jener Befragten, die White Papers im B2B-Marketing nutzen, diese Form des Content Marketings als „effektiv" bzw. „sehr effektiv".

Quelle: Content Marketing Institute / MarketingProfs: B2B Content Marketing: 2012 Benchmarks, Budgets & Trends, 2012, S. 8.

Vermarkten von White Papers

White Papers gewinnbringend einsetzen.

Damit sich die Produktion des White Papers auszahlt, müssen Sie das Maximum aus dem Dokument herausholen.

Das heißt: Nutzen Sie das White Paper so vielfältig wie möglich – zum Beispiel als Beilage zu Werbebriefen oder als Serie auf Ihrem Blog. Und vermarkten Sie es sorgfältig – denn nur so wird Ihre Zielgruppe auf das Paper aufmerksam und nur so kann es Sie beim Marketing unterstützen.

Übrigens gilt auch beim Vermarkten des White Papers der Grundsatz: Sagen Sie dem Leser, was er von der Lektüre hat, wie sie ihm bei Entscheidungen hilft und ihn mit hochwertigem Wissen versorgt. Fokussieren Sie nicht auf Ihr Produkt, das Sie am Ende des White Papers als Problemlösung präsentieren.

Dazu einige Tipps:

Tipps

Landing Page.

Verstecken Sie das White Paper nicht irgendwo in den Tiefen Ihrer Webseite, sondern legen Sie eine durchdachte Landing Page an. Das ist eine kleine Verkaufsseite, die den Besucher zum Lesen des Papers animiert und Ihnen Leads bringt.

Diese Seite können Sie ganz auf Ihre Bedürfnisse und Ihre Zielgruppe ausrichten: Stellen Sie das gesamte White Paper online oder bieten Sie einen PDF-Download an; ermöglichen Sie den Download ohne Angabe von Kontaktdaten oder fragen Sie den Besucher nach seiner Email-Adresse.

Wichtig: Bauen Sie keine zu großen Hürden auf – der Interessent soll nicht erst Firma, Straße, Ort, Telefonnummer, Branche etc. in ein Kontaktformular eintippen müssen. Das schreckt nur ab. Wenn Sie diese Daten abfragen, dann besser erst in einer folgenden Stufe. Sie können beispielsweise am Ende des White Papers auf weiterführende Infos verweisen wie Webinare, für die sich der Leser dann mit seinen ausführlichen Daten registrieren muss.

Gestalten Sie die Landing Page einfach und übersichtlich; verwenden Sie ein Layout, das Ihrem Corporate Design bzw. dem Design Ihrer Webseite entspricht. Formulieren Sie eine Überschrift, die den Leser „packt", ergänzt durch Untertitel und einer kurzen Zusammenfassung des Papers. Zeigen Sie dem Webbesucher, welche Probleme und Lösungen im Paper besprochen werden, aber halten Sie sich kurz. Vermitteln Sie dem Leser in wenigen Worten, was er von Ihrem White Paper hat; verkaufen Sie das Paper.

Fordern Sie dann den Leser zum Download auf, zum Beispiel mit „Jetzt das White Paper herunterladen!"

Blog.

White Papers sind ausgezeichneter Stoff für Ihr Unternehmensblog. Sie bieten nämlich genau solche Inhalte, die Ihre Blogleser wollen: informativ, wertvoll, nützlich und vor allem kostenlos.

Sie können hier verschiedene Taktiken anwenden: Wenn das White Paper erscheint, stellen Sie es in einem kurzen Artikel vor, beschreiben Inhalt und Lesernutzen und fügen einen Link zum direkten Download oder zur Landing Page des White Papers hinzu.

Sie können den Artikel auch schon vor der Veröffentlichung des Papers bringen. Laden Sie interessierte Leser ein, sich in Ihren Newsletter einzutragen – so werden sie automatisch verständigt, sobald das White Paper verfügbar ist und Sie erhalten neue Newsletter-Abonnenten.

Veröffentlichen Sie das Paper als Serie, bringen Sie ein Interview zum Thema des Papers, verwerten Sie Recherche-Ergebnisse, die nicht in das White Paper eingeflossen sind, zu interessanten Blogartikeln.

Machen Sie das White Paper zu einem immergrünen Bloginhalt: Bewerben Sie es in einem Banner in der Seitenspalte Ihres Blogs, richten Sie eine Kategorie „White Papers" ein, verlinken Sie in themenverwandten Blogbeiträgen auf das Paper usw.

Social Media.

Vergessen Sie nicht, das White Paper auf Facebook, Twitter usw. zu bewerben. Fügen Sie außerdem einen Downloadlink zu Ihren Profilen hinzu, ergänzt durch eine Handlungsaufforderung.

Machen Sie auch das White Paper selbst leicht teilbar und integrieren Sie die entsprechenden Share Buttons. Wenn der Leser mit der Lektüre des Papers fertig ist und es an seine Netzwerke weiterleiten will, muss er einfach nur die entsprechenden Buttons nutzen – so verbreitet sich Ihr White Paper ganz von selbst.

Foren.

Forenmarketing – haben Sie das schon mal probiert? Der Vorteil: In den verschiedenen Fachforen können Sie Ihre Zielgruppe punktgenau ansprechen und sie auf sich aufmerksam machen. Vorausgesetzt natürlich, Sie halten sich stets den Zweck von Internetforen vor Augen: Austausch, Hilfe, Unterstützung. Wenn Sie das beachten und auf plumpe Eigenwerbung verzichten, sind Sie dort ein gern gesehener Gast.

Nutzen Sie Foren auch für die Vermarktung Ihres White Papers. Posten Sie einen informativen Text über Ihr Paper in einem passenden Unterforum (zum Beispiel „Veröffentlichungen" oder „Infomaterial"). Betonen Sie, wie das Paper den Lesern bei der Problemlösung und Entscheidungsfindung hilft. Enden Sie mit einem Call to Action und verlinken Sie auf Ihr Paper bzw. dessen Landing Page.

Leave behinds und Handouts.

Vorträge und Präsentationen, Gespräche auf Messen oder Konferenzen, der Besuch bei einem potenziellen Kunden – wann immer Sie mit Interessenten zusammenkommen, können Sie das White Paper als Marketingunterlage einsetzen. Sei es als Printversion oder als CD mit einer kleinen Bibliothek an White Papers (als PDF, MP3, Video-Dateien).

Mailing-Beilage.

White Papers sind ideale Beilagen zu Werbebriefen. Sie führen die Argumente des Briefes näher aus – und zwar auf eine nichtwerbliche Art und Weise. Sie sind ein hochwertiges Dokument, das der Leser problemlos weiterreichen kann, mit dem er arbeiten kann und das er überall und jederzeit lesen kann, ohne es erst ausdrucken zu müssen.

Newsletter.

Kündigen Sie jedes neue White Paper in Ihrem Newsletter an, bieten Sie Ihren Abonnenten wertvolle Infos zum Nulltarif. – Praktisch: Anhand der Klickraten sehen Sie, wie sehr sich die Newsletter-Leser für das White Paper interessieren.

Email-Signatur.

Bewerben Sie Ihr aktuelles White Paper an prominenter Stelle: Weisen Sie in Ihrer Email-Signatur auf das Paper hin (Titel, kurze Beschreibung, Link).

Multimedia.

Bereiten Sie das White Paper multimedial auf: Zum Beispiel als „White Paper Podcast", in dessen Folgen Sie vertonte Versionen Ihrer Paper anbieten. Oder als Video, in dem Sie Experten oder führende Manager Ihres Unternehmens über das Paper sprechen lassen. So erreichen Sie auch jene potenziellen Kunden, die Informationen bevorzugt in Bild und Ton aufnehmen.

Online-Verzeichnisse.

Im Internet finden sich eine Reihe von Plattformen und Katalogen, in denen Sie Ihre White Papers einstellen und zum Download anbieten können – kostenlos oder gegen Gebühr. Auch qualifizierte Leads lassen sich in einigen Datenbanken generieren, zu unterschiedlichen Konditionen. Informieren Sie sich dazu beim jeweiligen Anbieter.

Beispiele:

- Heise White Papers (IT): www.heise.de/whitepapers

- ZDNet (IT): www.zdnet.de/itpapers

- PROCESS (Chemie, Pharma, Verfahrenstechnik): www.process.vogel.de/whitepapers

- konstruktionspraxis (Maschinenbau): www.konstruktionspraxis.vogel.de/fachwissen/whitepaper

Pressearbeit.

Ihr White Paper befasst sich mit aktuellen Branchenproblemen oder neuen Trends? Perfekt! Das macht es zu einem willkommenen Baustein Ihrer Pressearbeit und zu einem Thema, mit dem Sie an Redaktionen und Fachjournalisten herantreten können.

Verfassen Sie auch Online-Pressemitteilungen und profitieren Sie nicht nur von zusätzlichen Lesern Ihres White Papers, sondern auch von wertvollen Backlinks.

Das Konzept

Das Ziel

Was wollen Sie erreichen?

Bevor Sie mit dem Schreiben beginnen, sollten Sie das Ziel Ihres White Papers deutlich vor Augen haben.

Der Vorteil: Wenn die Recherche aus dem Ruder läuft oder Sie sich beim Texten verzetteln, finden Sie den roten Faden leichter wieder, wenn Sie sich an einem klaren Ziel orientieren können.

Zum Beispiel:

- Wollen Sie die technischen Vorteile Ihrer Lösung hervorheben oder die kaufmännischen?
- Wollen Sie sich als Vordenker etablieren und damit Ihr Image stärken?
- Möchten Sie aktuelle Trends oder Entwicklungen näher ausführen, die indirekt dem Absatz Ihrer Produkte dienen?
- In welcher Phase des Verkaufszyklus wollen Sie das Paper einsetzen?
- Wie soll es Ihre übrigen Marketingunterlagen ergänzen und unterstützen?

Welche Absichten Sie auch immer haben: Behalten Sie stets das eigentliche Ziel von White Papers im Visier – nämlich den Leser objektiv zu informieren über Technologien, Anwendungen, Strategien, Vorgangsweisen, Möglichkeiten. Dieser Aufgabe sollten Sie mehr als 80 Prozent Ihres Papers widmen; erst im letzten Fünftel ist es angebracht, Ihr Produkt oder Service zu erwähnen. Das ist es, was der Leser erwartet.

Manche Unternehmen machen den Fehler und erwähnen ihr Produkt gleich zu Beginn des Textes oder gar schon im Titel. Die Folge: Der Leser merkt, dass es dem Verfasser eigentlich nur ums Marketing geht und wird das White Paper nicht zu Ende lesen. Seine Erwartungen wurden nicht erfüllt – und damit verpufft die Wirkung des Papers.

Die Leser

Wer ist Ihre Zielgruppe?

Sie erzeugen Ihre Produkte nicht ins Blaue hinein, sondern machen sich ausführlich Gedanken über Ihre Zielgruppe: vom Alter über das Geschlecht bis hin zu Einkommen und persönlichen Vorlieben.

Genau so sollten Sie es auch bei Ihrem White Paper halten: Schneidern Sie es einer genau definierten Zielgruppe auf den Leib, schreiben Sie für den idealtypischen Leser.

Warum ist das so wichtig?

- Nur wenn Sie wissen, wie Ihre Leser ticken, was sie umtreibt und vielleicht sogar nachts nicht schlafen lässt, treffen Sie ihren Nerv. Die Leser fühlen sich erkannt und verstanden. Und nur dann kann Ihr White Paper seinen Auftrag erfüllen: wertvolle Infos bieten, die dem potenziellen Kunden weiterhelfen und Sie als kompetenten Ansprechpartner präsentieren, mit dem man lieber Geschäfte macht als mit der Konkurrenz.

- Ihr White Paper wird nicht beliebig und schwammig – das passiert nur, wenn Sie zu viele Zielgruppen auf einmal erreichen wollen.

- Von der Zielgruppe hängt ab, wie sehr Sie ins Detail gehen, inwieweit Sie Fachjargon benutzen können, wie Sie argumentieren, welche Beweise Sie anführen und vieles mehr.

- Wann immer Sie sich beim Texten des White Papers fragen „Muss diese Information rein oder kann ich sie weglassen?", dann denken Sie an den idealtypischen Leser und seine Bedürfnisse. So laufen Sie weniger Gefahr, sich zu verzetteln.

Wenn Sie unsicher sind, was wirklich typisch für Ihre Zielgruppe ist: Sprechen Sie mit jenen Kollegen, die jeden Tag bei den Kunden aus und ein gehen und genau wissen, wo sie der Schuh drückt. Fragen Sie die Vertriebsleute Ihres Unternehmens, welche Hoffnungen und Sorgen die Kunden haben, welche Informationen sie für ihre Kaufentscheidungen benötigen.

Tipps

Wer sind die Leser?

Machen Sie sich Notizen zu Ihrem idealtypischen Leser, legen Sie einen kleinen „Steckbrief" an.

Das Ergebnis könnte zum Beispiel so aussehen: „Bürgermeister von Gemeinden bis 5000 Einwohner, meist männlich, im Alter zwischen 45 und 60 Jahren" oder „freie PR-Berater in Süddeutschland, keine Mitarbeiter, vorwiegend weiblich".

Charakterisieren Sie Ihre Zielleser mit folgenden Kriterien:

- Sind es kaufmännische oder technische Führungskräfte?
- In welcher Hierarchiestufe sind sie angesiedelt?
- Sind sie Entscheider, Berater oder Anwender?
- Für welche Aufgaben sind sie zuständig?
- Wie alt sind sie?
- Sind sie vorwiegend weiblich oder männlich?
- In welcher Branche sind sie tätig?
- Wie groß ist ihr Unternehmen?
- Sind es potenzielle oder bestehende Kunden?
- Handelt es sich um Investoren und Analysten?

Welche Probleme/Wünsche/Ängste haben die Leser?

Mit Ihrem White Paper müssen Sie den Nerv Ihrer Zielgruppe treffen. Und dazu sollten Sie wissen, was Ihre Leser bewegt, mit welchen Schwierigkeiten sie zu kämpfen haben. Diese Herausforderungen müssen Sie im Paper behandeln und entsprechende Lösungen präsentieren – nur so hat der Leser das Gefühl, das ihm die Lektüre etwas bringt.

Zu den klassischen Problemen und Wünschen gehören:

- Geld sparen
- Zeit sparen

- schnellen Einbau und einfache Verwaltung erreichen
- problemlose Integration gewährleisten
- Sicherheit erhöhen
- Verfügbarkeit steigern
- Skalierbarkeit garantieren
- rasche Einarbeitung sichern
- Produktivität verbessern
- Abläufe vereinfachen
- Arbeitszufriedenheit erhöhen
- schnelle Amortisation erreichen
- über aktuelle Trends informiert sein
- objektive Entscheidungskriterien und Argumentationsgrundlagen erhalten

Das Thema

Worüber wollen Sie schreiben?

Sie kennen jetzt das Ziel Ihres White Papers und haben sich Gedanken über die Zielgruppe gemacht.

Nun brauchen Sie ein konkretes Thema. Eines, das eine Brücke bildet zwischen den Nöten der Leser und Ihrem Produkt.

Dazu einige Tipps:

Tipps

Themen finden.

Überall da, wo Sie mit Kunden, Konkurrenten oder komplementären Anbietern zusammentreffen, können Sie auf ergiebige Themen für White Papers stoßen.

Zum Beispiel:

- Vorträge und Gespräche auf Messen und Kongressen
- Umfragen und Studien
- beliebte Artikel auf dem Firmenblog
- Kommentare von Bloglesern
- beliebte Artikel in Ihrem Newsletter
- Kundenbesuche
- Anfragen von potenziellen Kunden
- Fachforen
- Berichte über Branchentrends
- Pressemitteilungen von Konkurrenten

Sie können das Pferd auch am anderen Ende aufzäumen und das Thema aus Ihrem Produkt ableiten:

- Identifizieren Sie zuerst den Nutzen Ihres Erzeugnisses (zum Beispiel: Ihr neu gezüchteter Futterklee ist äußerst anpassungsfähig und wächst daher auch auf sehr feuchten Böden).

- Fragen Sie sich, wann und unter welchen Umständen sich dieser Nutzen besonders stark auswirkt (zum Beispiel: eine ertragreiche Klee-Ernte ist auch in niederschlagsreichen Gebieten gesichert).

- Leiten Sie dann zu einem Thema über, das ein Kundenproblem löst und gleichzeitig auf Ihr Produkt als mögliche Lösung hinweist (zum Beispiel: „So gelingt ertragreicher Futtermittelanbau in regenreichen Gebieten").

Die Nutzenargumentation

Wie kommen Sie vom Merkmal zum Nutzen?

Warum lesen die Leute ein White Paper? Weil sie wissen wollen, wie sie ein bestimmtes Problem anpacken können – wie sie ihren Gewinn erhöhen, Geld oder Zeit sparen, mehr Sicherheit erlangen oder ein besseres Image. Kurz: Sie wollen wissen, was sie von einer spezifischen Problemlösung haben, wie sie ihr Leben verbessert.

Das heißt: Die Leser interessieren sich für den Nutzen eines Produktes. Die Produktmerkmale sind zunächst zweitrangig.

Konzentrieren Sie sich im White Paper also auf die Kundenbedürfnisse, die Sie mit Ihrer Lösung befriedigen. Beantworten Sie die wichtigste Kundenfrage: „Was habe ich davon?"

Wie können Sie nun diesen Kundennutzen klar darstellen? Indem Sie mit dem Dreischritt Merkmal – Vorteil – Nutzen arbeiten.

Tipps

Merkmal.

Viele White Papers beschränken sich (leider) auf die Aufzählung von Produktmerkmalen wie Gewicht, Größe, Geschmacksrichtung, Farbe, Leistungsdaten. Diese objektiven Eigenschaften sind jedoch lediglich neutrale Informationen – der Kunde nimmt sie auch als solche wahr und hat Schwierigkeiten, einen Bezug zu seinen persönlichen Problemen und Bedürfnissen herzustellen.

Die Überzeugungskraft von Merkmalen ist deshalb recht gering; sie reichen nicht aus, um Qualität und Wert einer Lösung zu vermitteln.

Beispiel Buchhaltungssoftware:

Diese Software erstellt umfangreiche Reports.

Vorteil.

Arbeiten Sie nun die Vorteile der Produktmerkmale heraus. Zeigen Sie, wie eine Produkteigenschaft dem Kunden weiterhilft – so wecken Sie Interesse und die Bereitschaft, sich näher mit Ihrem Angebot zu beschäftigen. Die meisten Werbebotschaften argumentieren mit solchen allgemeinen Vorteilen – allerdings wird dabei der einzelne Kunde mit seinen individuellen Bedürfnissen noch nicht berücksichtigt.

Beispiel Buchhaltungssoftware:

Mit dieser Reportfunktion erhält der Anwender aktuelle Kennzahlen in Echtzeit.

Nutzen.

Mit diesem Argumentationsschritt wird dem Leser klar, wie er konkret von Ihrer Lösung profitiert. Ihm wird bewusst, was er von einer bestimmten Lösung hat – entsprechend hoch ist die Überzeugungskraft. Mit dem Nutzen sprechen Sie den einzelnen Kunden an bzw. ein bestimmtes Segment Ihrer Zielgruppe, Sie gehen auf deren ganz spezielle Bedürfnisse und Nöte ein.

Beispiel Buchhaltungssoftware:

So kann der Nutzer rasch auf Änderungen reagieren, abgesicherte Entscheidungen treffen und seine Arbeitsleistung um 100 Prozent steigern.

Tipps für die Formulierung.

Rechnen Sie nicht damit, dass der Kunde automatisch von der Produkteigenschaft auf seinen persönlichen Nutzen schließt. Diese Übersetzungsarbeit müssen Sie leisten, denn das Gehirn des Kunden ist träge.

Mit entsprechenden Formulierungen verbinden Sie die Produktmerkmale mit dem Kundennutzen:

- Das heißt …
- So spart der Anwender …
- Dadurch kann der Mitarbeiter …
- Das bringt dem Unternehmen …
- So vermeidet man …
- Dadurch erhält die Abteilung …
- Damit erhöht sich …
- Auf diese Weise verringert sich …
- So verbessert sich …
- Das hilft dem Nutzer bei …

Die Inhalte

Was soll drinstehen?

Das Thema Ihres White Papers können Sie auf verschiedene Arten aufbereiten – zum Beispiel als Tutorial, als Hintergrundbericht oder als vergleichende Gegenüberstellung von unterschiedlichen Problemlösungen.

Berücksichtigen Sie bei der inhaltlichen Gestaltung auch den Zeitpunkt, zu dem das White Paper in Aktion treten soll: am Anfang, während oder gegen Ende des Verkaufszyklus.

Wie auch immer Sie das Thema anpacken: Überzeugen Sie den Leser mit Ihrem Expertenwissen; halten Sie mit Ihrem Knowhow nicht hinterm Berg. Und denken Sie wie ein Journalist, nicht wie ein Werbetexter.

Tipps

Form.

Es gibt verschiedene Typen von White Papers, unterschiedliche Varianten, den Inhalt dramaturgisch aufzubereiten. Für welche Form Sie sich entscheiden, hängt von der Leserschaft und Ihren Zielen ab.

Einige Beispiele:

- Analysen von Technologie- oder Markttrends

- Diskussionen und Lösungsvorschläge für zentrale Branchenprobleme

- Tutorials zur Anwendung einer bestimmten Technologie oder Methode

- Kaufhilfen mit Kriterien für die Entscheidungsfindung

- Erklärungen und Informationen zu neuen Technologien

- strategische Implikationen von Investitionsentscheidungen

- Anleitungen zur technischen Lösung von kaufmännischen Problemen

Phase des Verkaufszyklus.

Die Inhalte des Papers werden auch davon beeinflusst, in welchem Stadium des Verkaufszyklus es vorwiegend eingesetzt wird.

Wenn das White Paper zu Beginn des Entscheidungsprozesses genutzt wird, sollte es den Leser bei der Problemerkennung unterstützen. Das gelingt, wenn Sie Branchentrends diskutieren oder sich mit drängenden Herausforderungen des jeweiligen Industriezweiges beschäftigen.

Wenn der Leser schon einen Schritt weiter ist und unterschiedliche Problemlösungen gegeneinander abwägt: Zeigen Sie, dass Ihr Angebot das Kundenproblem optimal löst, dass es leicht anzuwenden und zu integrieren ist und den gängigen Standards entspricht.

Wenn es schließlich um die konkrete Kaufentscheidung geht, sollten Sie vor allem die wirtschaftlichen Vorteile der entsprechenden Technologien oder Methoden aufzeigen: Amortisationsdauer, Einsparungen bei Zeit und Geld, Produktivitätssteigerung etc.

Information vs. Marketing.

Ein weiterer Punkt, der beim Konzipieren des White Papers zu beachten ist: Wie soll das Verhältnis von Information und Marketing aussehen?

Die meisten Leser ziehen ein White Paper zu Rate, wenn sie ein bestimmtes Problem lösen wollen. Sie suchen nach hilfreichen Informationen, zum Beispiel, indem sie die entsprechenden Suchworte bei Google eingeben und so auf Ihr Paper stoßen. In diesem Stadium wollen die Leser objektive Infos, harte Fakten, stichhaltige Beweise. Sie sind noch nicht offen für den direkten Verkauf. Deshalb sollten die nüchternen Infos in Ihrem White Paper überwiegen.

Andererseits wollen Sie natürlich Leads gewinnen; Sie wollen, dass potenzielle Kunden zu Ihnen Kontakt aufnehmen. Es darf also auch die Marketingkomponente nicht fehlen.

Hier ist subtiles Vorgehen gefragt. Verzichten Sie auf Werbesprache, aber bauen Sie den Text so auf, dass es für den Leser zum Schluss selbstverständlich erscheint, Sie zu kontaktieren.

Das heißt: Stellen Sie das Ausgangsproblem so dar, dass sich der Leser damit identifizieren kann und vermitteln Sie, dass Sie die Sorgen und Nöte Ihrer Zielgruppe kennen und verstehen. So bauen Sie Vertrauen auf. Führen Sie den Leser dann zur Problemlösung und zeigen Sie, dass ihm Ihr Produkt optimal weiterhilft. Wenn er Sie schließlich als interessanten Anbieter wahrnimmt und mehr von Ihnen erfahren will, lassen Sie ihn nicht im Regen stehen, sondern schließen Sie mit einem klaren Call to Action.

Wissen verschenken.

Wissen verschenken und damit Kunden gewinnen – das ist das Prinzip von Content Marketing. Bei manchen Unternehmern tauchen da allerdings Zweifel auf: „Wenn ich mein ganzes Wissen im White Paper preisgebe – wird dann nicht jeder Leser sein Problem selber lösen? Wird mich überhaupt noch jemand beauftragen?"

Diese Angst ist nachvollziehbar, sollte Sie jedoch nicht davon abhalten, wertvolle Informationen in Ihr White Paper zu packen. Warum? Nur, wenn Sie gehaltvolle Texte veröffentlichen, wird man Sie als Experte und attraktiver Anbieter wahrnehmen. Wenn Sie nur halbherzige Infos herausrücken, schwächt das Ihr Image und hebt Sie nicht positiv vom Wettbewerb ab.

Außerdem: Die meisten Informationen sind im Internet kostenlos vorhanden und Leser, die Ihr Wissen auf eigene Faust verwerten, hätten Sie wahrscheinlich ohnehin nie beauftragt.

Oft ist es auch so, dass sich Anleitungen zwar leicht lesen, aber sich die Umsetzung als knifflig und aufwändig herausstellt – vor allem, wenn man nicht das nötige Hintergrundwissen hat. Für solche „Selbermacher-Kunden" sind Sie dann der erste Ansprechpartner, den sie um Hilfe bitten.

Die Länge

Überlegungen zum Umfang.

Bei der optimalen Länge von White Papers scheiden sich die Geister. Manche Unternehmen vermarkten zweiseitige Papers; andere setzen auf Texte, die sich über 30 und mehr Seiten ziehen.

Allgemein geht man davon aus, dass ein White Paper zwischen drei und 14 Seiten lang sein sollte.

Bei einem kurzen Paper wird es schwierig, das Problem und die Lösung(en) so zu beschreiben, dass der Leser tief genug in die Materie eintaucht und genügend Infos aus dem Text mitnimmt.

Wenn das White Paper zu lang ist, kann es den Leser langweilen und seine Konzentrationsfähigkeit überstrapazieren.

Versuchen Sie hier, einen Mittelweg zu finden. Wichtig ist: Ein White Paper braucht eine gewisse Länge, um seine Wirkung voll zu entfalten.

Sie können auch davon ausgehen, dass es der Leser mehr als einmal zur Hand nimmt und es durchgeht. Das White Paper kann also zu einem Referenzdokument, einem „Arbeitspapier" werden – aber das wird bei knappen, oberflächlichen Zweiseitern eher selten der Fall sein.

Was tun, wenn das White Paper zu kurz ist?

Wenn das Thema nur wenige Seiten hergibt, können Sie den Text auf verschiedene Weise verlängern:

- Fügen Sie eine kurze Fallstudie ein.

- Hängen Sie ein Glossar an, in dem Sie die wichtigsten Fachausdrücke erläutern.

- Geben Sie einen geschichtlichen Rückblick zu Ihrem Produkt oder Ihrer Dienstleistung. Zeigen Sie, wie sich das Erzeugnis von seinen Anfängen bis heute entwickelt hat.

- Fügen Sie noch ein Diagramm, eine Tabelle oder eine Grafik ein.

- Recherchieren Sie noch mehr Quellen, die Ihre Aussagen belegen.

- Arbeiten Sie mehrere Lösungen zum beschriebenen Problem aus; vergleichen Sie die Vor- und Nachteile dieser Lösungen.

Der Aufbau

Der Titel

Den Leser neugierig machen.

Formulieren Sie den Titel des White Papers besonders sorgfältig. Er springt dem Leser als Erstes in die Augen und entscheidet darüber, ob er sich Zeit für die Lektüre des restlichen Textes nimmt.

Außerdem: Viele Leser werden im Internet auf Ihr Paper stoßen – etwa in den Google-Trefferlisten. Und dort sehen sie zunächst nur den Titel samt Subhead. Keine Einleitung, keine Grafiken. Sie können also nur mit Ihrer Überschrift überzeugen. Sie muss dem Leser wertvolle Informationen versprechen, einen Wissenszuwachs, dem er nicht widerstehen kann.

Dazu einige Empfehlungen:

Tipps

Auf die Länge achten.

Der Titel sollte nicht länger als 14 Wörter sein. So ist er leicht lesbar und schnell zu erfassen.

Zahlen verwenden.

Ein Ansatz, wie er oft bei Blogposts oder Fachartikeln zu sehen ist: Wenn Sie in Ihrem White Paper konkrete Tipps und Anleitungen geben oder verschiedene Methoden beschreiben, nennen Sie deren Zahl im Titel. Also zum Beispiel: „In 5 Schritten den idealen virtuellen Assistenten auswählen. Eine Anleitung für freie Grafiker und Designer".

So zeigen Sie dem Leser, was ihn erwartet; Sie versprechen ihm ein übersichtliches White Paper, das schnell zu lesen und einfach zu verstehen ist.

Den Produktnamen nicht nennen.

Achten Sie darauf, dass der Name Ihres Produkts nicht im Titel vorkommt. Denn das würde einen objektiven Fachtext im Handumdrehen in einen Verkaufstext verwandeln und auf viele Leser abstoßend wirken.

Nutzen betonen.

Machen Sie schon im Titel klar, was der Leser von der Lektüre Ihres Papers hat. Weisen Sie auf einen wichtigen Vorteil hin oder versprechen Sie ihm die Lösung eines komplizierten Problems. Halten Sie sich dabei immer die Zielgruppe vor Augen: Welches ihrer Probleme lösen Sie im White Paper?

Dynamisch formulieren.

„Anforderungen an internationale Finanztransaktionen bei der Kooperation mit südostasiatischen Investoren" – wie klingt das? Nicht sehr sexy. Reihen Sie nicht einfach Adjektive und Hauptwörter aneinander; fügen Sie Verben ein. Vor allem jene, die auf die Vorteile für den Leser hinweisen – also zum Beispiel „erhöhen", „steigern", „ausweiten", „sichern" oder „senken".

Den Inhalt spezifizieren.

Je genauer Sie den Titel auf die anvisierte Zielgruppe zuschneiden, umso mehr qualifizierte Leser und Leads erhalten Sie. Also zum Beispiel statt „5 Anforderungen für Social-Media-Manager" besser „5 Anforderungen für Social-Media-Manager in der Medienindustrie".

Konkret werden.

Wie für den übrigen Text gilt auch für die Überschrift: Nennen Sie konkrete Zahlen, runden Sie sie nicht auf oder ab – das wirkt glaubwürdiger. Also statt „fast drei Monate" besser „83 Tage".

Aktualität nutzen.

Verwenden Sie Wörter wie „jetzt", „heute" oder das laufende Jahr, um Aktualität und Dringlichkeit Ihres White Papers zu betonen. Zum Beispiel: „So funktioniert sichere Kapitalanlage heute".

Für Suchmaschinen optimieren.

Der Titel gehört zu den wichtigsten Textteilen, wenn es um SEO geht. Bringen Sie daher die wichtigsten Keywords in der Überschrift unter, vorzugsweise gleich am Satzanfang.

Untertitel einsetzen.

Ergänzen Sie Ihre Überschrift mit einem Untertitel. Zum Beispiel: „Strom wird grün: Wie sich die Energiewende auf kleine Kommunen auswirkt".

So können Sie den Titel bildhafter und emotionaler gestalten und ihn dann im Untertitel näher ausführen. Sie können hier auch die anvisierte Branche ansprechen („Eine Entscheidungshilfe für Milchbauern") oder die berufliche Position der Zielgruppe („Ein Leitfaden für Marketingmanager").

Die Einleitung

Den Leser überzeugen.

Versetzen Sie sich in die Lage des Lesers: Er ist durch Titel und Untertitel neugierig geworden, weiß aber noch nicht hundertprozentig, ob das White Paper seinen Erwartungen und Bedürfnissen entspricht. Und da er wenig Zeit hat, will er jetzt mehr über den Inhalt erfahren.

Das ist die Aufgabe der Einleitung.

Sie beschreibt, worum es im Text geht, worauf das Paper abzielt. Die Einleitung umreißt in wenigen Worten die wichtigsten Probleme und Lösungen, die im Text behandelt werden. Der Leser erfährt, was er von der Lektüre hat und wie ihm das Paper weiterhilft.

Machen Sie das White Paper schmackhaft, sprechen Sie die drängendsten Herausforderungen Ihres idealtypischen Lesers an, versprechen Sie ihm Lösungen. Er muss sich verstanden fühlen und denken: „Genau dieses Problem beschäftigt mich zurzeit. Mal sehen, welche Infos ich aus diesem Paper herausziehen kann …" Und schon widmet er sich der ausführlichen Lektüre.

Tipps

Hintergrund beschreiben.

Stimmen Sie den Leser auf das Paperthema ein und beschreiben Sie kurz die Hintergründe der aufgezeigten Probleme. Bewegen Sie sich vom Allgemeinen zum Speziellen – das ergibt einen natürlichen Fluss in der Argumentation.

Ein Beispiel: Sie schreiben ein Paper über Ernteversicherungen für Landwirte. Dann stürzen Sie sich nicht gleich auf die Probleme, die sich bei der Vergleichbarkeit der einzelnen Versicherungsprodukte ergeben, sondern beschreiben Sie, warum das

Thema Versicherungen im landwirtschaftlichen Bereich immer wichtiger wird, etwa aufgrund zunehmender Wetterextreme.

Zum Beispiel: „Hitze, Starkregen und Hagel: Wetterextreme werden auch in Österreich immer häufiger. Umso wichtiger sind umfassende Ernteversicherungen für Landwirte."

Beweise bieten.

Objektivität und Glaubwürdigkeit gehören zu den zentralen Eigenschaften von White Papers. Untermauern Sie Ihre Aussagen daher auch schon in der Einleitung mit nachprüfbaren Fakten aus Statistiken, Studien, Umfragen etc. So machen Sie sich bereits beim Einstieg in den Text glaubwürdig und überzeugen skeptische Leser.

Zum Beispiel: „Hitze, Starkregen und Hagel: Wetterextreme werden auch in Österreich immer häufiger. Das zeigt ein aktueller Sonderbericht des Weltklimarates.[1] Umso wichtiger sind umfassende Ernteversicherungen für Landwirte."

Die genaue Quellenangabe können Sie dann in den Fußnoten anführen.

Erklärungen und Beispiele bringen.

Überschätzen Sie das Wissen Ihrer Leser nicht. Nicht jeder kaufmännische Entscheider ist mit sämtlichen technischen Fachbegriffen vertraut. Wenn Sie nun schon bei der Einleitung einen Fachausdruck an den anderen reihen, werden Ihnen diese „Halbexperten" schnell aussteigen.

Eine Lösung: Ergänzen Sie die Einleitung durch einen Kasten, in dem Sie Fachbegriffe erklären oder Anwendungsbeispiele bringen. So versteht der Leser schneller, worum es geht und wie er die beschriebenen Lösungen in seinem Betrieb anwenden kann. Er ist dann motivierter, Zeit und Mühe in die Lektüre des restlichen Textes zu investieren.

Das Problem

Wo drückt der Schuh?

Nach der Einleitung geht es ans Ausarbeiten der Probleme. Beschreiben Sie die Schwierigkeiten, denen sich Ihre Zielleser gegenübersehen.

Wählen Sie die Probleme sorgfältig aus. Es sollten solche Herausforderungen sein, die dem Leser wirklich Kopfzerbrechen bereiten; Aufgaben, für die er dringend eine Lösung sucht; Angelegenheiten, die ihm Sorgen bereiten – und für die Ihr Produkt eine optimale Antwort ist.

Zeigen Sie, wie diese Probleme dem Unternehmen schaden – seien es überhöhte Kosten oder entgangener Gewinn, hohe Mitarbeiterfluktuation oder akute Bedrohungen durch ausländische Wettbewerber. Vergessen Sie nicht, entsprechende Beweise anzuführen wie Expertenaussagen oder Statistiken.

Schließen Sie diesen Teil des White Papers mit einer kurzen Zusammenfassung ab und leiten Sie zu den Lösungen über, die im nächsten Abschnitt folgen.

Tipps

Hintergründe beschreiben.
Stellen Sie die Hintergründe der beschriebenen Probleme dar, zum Beispiel:

- Haben sich gesetzliche Vorgaben geändert?

- Gibt es neue Technologien?

- Hat sich das Verbraucherverhalten gewandelt?

- Haben sich die Machtverhältnisse bei den führenden Herstellern verschoben?

- Verknappen sich bisher eingesetzte Rohstoffe?

So stellen Sie die Probleme in einen Kontext. Sie knüpfen an Veränderungen im wirtschaftlichen, technologischen und ökologischen Umfeld des Lesers an und schaffen Problembewusstsein. Der Leser erkennt, welche Auswirkungen neue Trends und Entwicklungen für ihn haben und welche Herausforderungen daraus entstehen.

Wichtig: Behaupten Sie nicht einfach irgendwas, sondern belegen Sie Ihre Aussagen mit Zahlen, Daten, Fakten und geben Sie die Quellen dazu an. So überzeugen Sie auch Skeptiker.

Auf neue Probleme hinweisen.

Beschränken Sie sich nicht auf ein oder zwei Hauptprobleme – diese Schwierigkeiten kennen die meisten Leser bereits, sie sind ihnen vertraut.

Führen Sie neue, (noch) unbekannte Probleme an, akute Aufgaben, die noch nicht in das Bewusstsein Ihrer Zielgruppe gedrungen sind. Zeigen Sie dem Leser, wie diese Probleme sein Business beeinträchtigen – oft ohne sein Wissen.

So überraschen Sie ihn und erhöhen seine Aufmerksamkeit. Und im Idealfall erkennt er, dass er rasch handeln muss – Sie wecken Dringlichkeit.

Wo finden Sie solche neuen, aktuellen Probleme? In Studienergebnissen, Berichten von Interessensvertretungen, Branchenmagazinen, Anwenderumfragen etc.

Die Lösung

So lässt sich die Herausforderung anpacken.

Sie haben die Probleme des Lesers beschrieben und die negativen Folgen aufgezeigt. Der Leser ist jetzt sensibilisiert und aufmerksam – er will wissen, was er in seiner Situation tun kann.

Nun kommen die Lösungen ins Spiel.

Zeigen Sie dem Leser, welche Alternativen es gibt, diskutieren Sie die Möglichkeiten im Detail. Beschreiben Sie, wie die einzelnen Lösungen die vorher angeführten Probleme beseitigen.

Veranschaulichen Sie Ihre Aussagen durch Tabellen, Diagramme und Grafiken; zitieren Sie die Meinungen von Experten.

In diesem Teil des White Papers bringen Sie den Leser auf den neuesten Stand; er erhält einen aktuellen und ausgewogenen Überblick über seine Alternativen. Sie statten ihn mit einer willkommenen Entscheidungshilfe aus.

Wichtig: Der Abschnitt „Lösungen" ist allgemein gehalten – Ihr Produkt bleibt noch außen vor. Im Augenblick beschreiben Sie nur Arten, Typen und Kategorien von Erzeugnissen und Methoden.

Tipps

Vorteile und Nutzen herausarbeiten.

Bleiben Sie nicht auf der Ebene der Produktmerkmale hängen. Sagen Sie dem Leser klar und deutlich, was ihm die angeführten Lösungen bringen.

Zum Beispiel: „Die Systeme werden über die e-Gate-Anbindung in die bestehende Systemlandschaft eingebunden. So kann der Anwender seine Schnittstellen weiter verwenden und die Daten stabil und einfach migrieren."

Kriterienliste einfügen.

Bieten Sie dem Leser einen nützlichen Service und listen Sie die Kriterien auf, nach denen er seine Investitionsentscheidung ausrichten kann. Zum Beispiel: „Darauf sollten Sie beim Softwarekauf achten".

So geben Sie dem Leser eine Checkliste an die Hand, die ihm konkret weiterhilft; Sie schenken ihm ein wertvolles Arbeitswerkzeug.

Die Produktinfo

Bühne frei für Ihr Angebot.

Endlich: Ihr Produkt hat seinen großen Auftritt. Und der ist perfekt vorbereitet: Der Leser ist für seine Probleme sensibilisiert, kennt die allgemeinen Lösungen und ist bereit, die Herausforderung anzupacken.

Und da kommt es ihm natürlich gelegen, dass Sie ihn mit einem Produkt beliefern können, das genau auf seine Anforderungen zugeschnitten ist. Er muss nicht länger nach anderen Alternativen und Anbietern suchen, sondern hat mit Ihnen einen passenden Lieferanten an der Hand. Einen Spezialisten, der sich in der Materie auskennt, beweisen kann, dass seine Methode funktioniert und sie vor allem sofort einsetzen kann.

Das ist praktisch und spart Zeit und Geld – lauter gute Gründe, um zum Telefon zu greifen, Sie anzurufen und das weitere Vorgehen zu vereinbaren. Damit hat das White Paper sein Ziel erreicht.

Tipps

Das Unternehmen vorstellen.

Denken Sie daran: Der Leser kennt Sie (wahrscheinlich) nicht. Stellen Sie daher Ihre Firma kurz vor – entweder im Fließtext bevor Sie Ihr Produkt präsentieren oder in einem separaten Kasten.

Alleinstellungsmerkmale betonen.

Was kann Ihr Produkt besser als die Konkurrenzangebote? Warum eignet es sich besonders gut für die beschriebenen Probleme? Arbeiten Sie heraus, warum Ihr Erzeugnis die ideale Lösung für den Leser ist.

An die Zielleser denken.

Rufen Sie sich noch einmal vor Augen, wer Ihre Zielleser sind und argumentieren Sie entsprechend. Achten Sie auch genau auf Ihre Sprache, vereinfachen Sie sie wenn nötig. Riskieren Sie nicht, dass der Leser jetzt gedanklich aussteigt – jetzt ist Ihre Chance, ihn auf Ihre Seite zu ziehen.

Beweise antreten.

Hier ist es besonders wichtig, dass Sie Ihre Behauptungen mit Daten untermauern. Schreiben Sie nicht einfach, dass sich Ihre Software schnell implementieren lässt. Schreiben Sie, dass die Implementierung durchschnittlich nur 2,3 Manntage benötigt.

Werbesprache vermeiden.

Auch wenn es jetzt darum geht, Ihr Produkt zu vermarkten: Halten Sie sich mit werblichen Floskeln („innovativ", „einzigartig", „wegweisend") zurück und kopieren Sie nicht Ihre Broschüren- oder Flyertexte. Behalten Sie den journalistischen Stil bei, argumentieren Sie so sachlich wie möglich. Es sollte hier keine Brüche in der Tonalität geben.

Der Schluss

Ein starker Abgang.

Es ist fast geschafft – jetzt braucht Ihr White Paper nur mehr einen runden Abschluss:

Zusammenfassung.

Viele Leser widmen sich zunächst der Zusammenfassung, bevor sie das White Paper durchlesen. Fassen Sie deshalb die wichtigsten Punkte zusammen – am besten als Aufzählung – und zeigen Sie, warum Ihr Produkt die ideale Lösung ist.

Handlungsaufforderung.

Sie haben sich viel Mühe gegeben, den Leser mit einem informativen White Paper an den Haken zu bekommen – lassen Sie ihn jetzt nicht einfach entgleiten. Sagen Sie ihm am Schluss des Textes, wie es jetzt weitergeht und was er jetzt tun soll. Beenden Sie das Paper nicht mit dem lapidaren Hinweis auf Ihre Webseite, sondern formulieren Sie einen klaren, einfachen Call to Action.

Beispiele:

- Unsere Experten beantworten gerne Ihre Fragen. Rufen Sie einfach an unter Tel. 0123/45678.

- Holen Sie sich die aktuellen Infos ins Haus und abonnieren Sie unseren Newsletter.

- Fordern Sie weitere kostenlose White Papers an – einfach anrufen unter Tel. 0123/45678.

- Noch mehr Profitipps finden Sie auf www.bauernland.ch/blog. Gleich hinsurfen!

- Neugierig, wie die Software in der Praxis funktioniert? Fordern Sie unsere kostenlose Testversion an unter testversion@fireware.com.

Wichtig: Üben Sie keinen Druck aus. Da White Papers meist bei komplexen Produkten eingesetzt werden und eine sehr indirekte

Verkaufshilfe sind, werden Sie mit einem „Jetzt bestellen unter Tel. 0123/45678-9!" nicht weit kommen.

Schreiben und gestalten

Gut formulieren

Lesefreundlich texten.

Ein White Paper richtet sich an ein Publikum, bei dem Sie gewisse Vorkenntnisse erwarten können. Das heißt aber nicht, dass Sie in einen trockenen, verklausulierten, pseudowissenschaftlichen Ton verfallen dürfen.

Auch bei einem White Paper gilt: Schreiben Sie einfach, klar und verständlich. Die Lektüre Ihres Papers darf nicht in harte Arbeit ausarten; der Leser soll sich nicht durchquälen müssen oder sich mit seinen Kollegen beraten, was denn mit dieser oder jener umständlichen Formulierung gemeint ist.

Vergessen Sie nicht: Ein White Paper soll den Leser zu Ihnen hinführen – und das gelingt nicht, wenn Sie ihn vorher mit abschreckenden Textwüsten verprellen.

Tipps

Verständlich.

Auch wenn White Papers sehr spezifisch sind – achten Sie auf eine verständliche Ausdrucksweise. Nicht immer sind Techniker Ihre Leserschaft; auch kaufmännische Entscheider, die nicht so sehr mit technischen Einzelheiten befasst sind, freuen sich über eine leicht lesbare Lektüre.

Das heißt auch: Ersetzen Sie Fremdwörter so oft wie möglich durch den deutschen Ausdruck. Denn auch wenn viele Fremdwörter mittlerweile in den täglichen Sprachgebrauch eingegangen sind: Deutsche Begriffe sind einfach verständlicher und erzeugen vor allem ein plastisches, erinnerbares Bild im Gehirn.

Ein paar Beispiele:

- Ergebnis statt Resultat
- untersuchen statt analysieren
- Werkzeuge statt Tools

- Aussichten statt Perspektiven
- einbauen statt installieren

Spezifisch.

Lassen Sie Zahlen sprechen. Versorgen Sie die Leser mit exakten Angaben zu Einsparungen an Zeit und Geld, zu quantifizierbarem Nutzen, zu monetären Vorteilen. Bleiben Sie nicht vage, wenn Sie mit nachprüfbaren Fakten punkten können.

Das heißt: Konkretisieren Sie schwammige Aussagen, erklären Sie, was eine „maximale Ersparnis", eine „höhere Verfügbarkeit" oder eine „gesteigerte Effizienz" für den Anwender bedeuten.

Runden Sie Zahlen nicht; schreiben Sie statt „fast 60 Prozent" besser „58,7 Prozent" oder statt „mehr als verdoppelt" besser „um 108 Prozent gestiegen" – das wirkt glaubhafter.

Aussagekräftig.

Manche Zeitwörter sind typisch für Beamten- und Technokratendeutsch – so genannte tote Verben wie „sich befinden", „aufweisen", „vornehmen", „unterziehen" oder „erfolgen".

Ersetzen Sie diese blassen, nichts sagenden Verben durch treffendere Ausdrücke. Schreiben Sie zum Beispiel statt „Die Flüssigkeit weist einen pH-Wert von 6,5 auf" besser „Die Flüssigkeit hat einen pH-Wert von 6,5".

Kurz.

Blähen Sie Ihre Texte nicht unnötig auf. Haben Sie Mut zur Kürze und entscheiden Sie sich für die knappere Variante eines Begriffes. Zum Beispiel statt „Motivationsstruktur" besser „Motiv". Oder statt „Situation" lieber „Lage".

Auch Ihre Sätze sollten Sie so stutzen, dass Sie leicht verdaulich sind. Dröseln Sie langatmige Satzungetüme in verständliche Einheiten auf, aber verlieren Sie dabei den Rhythmus nicht aus den Augen. Denn auch eine Kette aus ultrakurzen Sätzen irritiert den Leser.

Gestalten Sie die Absätze ebenfalls kurz. Lange Textblöcke signalisieren: Achtung, dieser Text ist schwer zu lesen.

Aktiv.

Wandeln Sie Passivsätze in Aktivsätze um. Denn Passivkonstruktionen wirken unpersönlich, distanziert und schwerfällig – die aktive Variante dagegen ist freundlicher und dynamischer.

Zum Beispiel statt „Die Anlage wird vor allem von südeuropäischen Unternehmen eingesetzt" besser „Vor allem südeuropäische Unternehmen setzen die Anlage ein".

Dynamisch.

Vergleichen Sie mal:

Die Durchführbarkeit der Marktdaten-Erhebung ist in der jetzigen Situation nicht mit Sicherheit zu eruieren.

und

Derzeit ist es nicht sicher, ob wir die Marktdaten erheben können.

Die erste Variante klingt schwerfällig, getragen und unnötig aufgebläht. Die zweite Variante ist klar, dynamisch und schon beim ersten Durchlesen problemlos verständlich.

Vermeiden Sie daher Substantivierungen – also Nomen, die von Zeitwörtern abgeleitet sind und typischerweise auf folgende Silben enden:

-keit
-ung
-ion
-ät
-heit
-ismus

Dröseln Sie diese Hauptwörter auf, verwenden Sie stattdessen die entsprechenden Verben.

Glaubwürdig texten

Mit Seriosität überzeugen.

Das größte Plus von White Papers ist ihre Glaubwürdigkeit und Objektivität. Diese Aspekte sollten sich wie ein roter Faden durch den Text ziehen – und das betrifft den Schreibstil ebenso wie die Argumentation, die Detailgenauigkeit und das Verwenden von objektiven Daten.

Nutzen Sie die folgenden Punkte als Checkliste – sowohl beim Planen und Texten des White Papers als auch beim Überarbeiten.

Tipps

Aussagen untermauern.

„Bei den Privathaushalten geht der Trend eindeutig in Richtung Solarenergie." – Lassen Sie solche Aussagen nicht einfach so stehen. Belegen Sie Ihre Behauptungen – zum Beispiel mit

- Statistiken, Umfragedaten, Studien
- Aussagen von anerkannten Fachmedien und Experten
- wissenschaftlichen Untersuchungsergebnissen
- kurzen Fallstudien

Quellen angeben.

„Laut einer Studie erwägen 25 Prozent aller Biotech-Unternehmen eine Produktion im Ausland." – Welche Studie? Aus welchem Land? Aus welchem Jahr? Wie viele Unternehmen wurden befragt?

Grundsätzlich werten externe Studienergebnisse Ihr White Paper auf. Aber nur, wenn Sie sie mit den entsprechenden Quellenangaben (idealerweise mit Link) versehen. Andernfalls lassen Sie den Leser an Ihrer Seriosität zweifeln.

Sachlich texten.

Objektiv, nüchtern, sachlich: So sollten Sie das White Paper texten. Überschwängliche Begeisterung, Marketingdeutsch, Humor, Ironie usw. sind fehl am Platz. Es geht einzig und allein um fachliche Informationen, um umfassende Aufklärung.

Einfach schreiben.

Auch, wenn sich das White Paper an Fachleute richtet: Achten Sie auf einen leicht verständlichen Stil. Verschanzen Sie sich nicht hinter aufgeblasenen Schachtelsätzen, vollgefüllt mit Fachwörtern. Erstens sind solche Texte schwer zu lesen (auch für Experten), zweitens wirken sie, als hätten Sie etwas zu verbergen. Sagen Sie klipp und klar, was Sie zu sagen haben.

Konkret werden.

„In den westlichen Bundesländern stieg der Energieverbrauch in den letzten Jahren massiv an." – Ja, um wie viel denn nun? Und was heißt „in den letzten Jahren" – sind damit zwei, fünf oder zehn Jahre gemeint?

Vermeiden Sie solche schwammigen Äußerungen. Werden Sie konkret, arbeiten Sie mit (ungerundeten) Zahlen. Achten Sie auch darauf, dass sich keine Fehler einschleichen, wenn Sie Zahlen aus fremden Quellen übernehmen. Überprüfen Sie alles doppelt und dreifach.

Begriffe definieren.

Wenn Sie Fachausdrücke benutzen müssen, die möglicherweise nicht alle Leser kennen: Vergessen Sie nicht, diese Begriffe zu definieren. Um den Fließtext nicht zu unterbrechen, können Sie die Definitionen in einem separaten Glossar unterbringen oder in Textboxen.

Fehler vermeiden.

Auch wenn Sie in Rechtschreibung und Grammatik sattelfest sind: Fehler schleichen sich immer wieder mal ein. Lassen Sie daher Ihr White Paper lektorieren und glänzen Sie durch makellose Texte.

Fallstudien einfügen.

White Papers erklären, wie eine Lösung theoretisch funktioniert. Fallstudien zeigen, wie das Ganze in der Praxis aussieht – sie sind Erfolgsgeschichten von realen Anwendern, mit denen sich die Leser identifizieren. Prüfen Sie, ob Sie Ihr White Paper mit einer kurzen Fallstudie anreichern können. Fügen Sie sie gleich hinter dem Lösungsabschnitt ein – so erkennen die Leser, wie sie von Ihrem Produkt profitieren können.

Mehrere Lösungen beschreiben.

Mit einem White Paper zeigen Sie, wie ein bestimmtes Problem angegangen werden kann. Wenn Sie statt einer – *Ihrer* – Lösung mehrere Methoden präsentieren, gewinnen Sie Pluspunkte beim Leser. Warum? Sie geben dem Leser das, was er gerade braucht: eine objektive Entscheidungshilfe. Beschreiben Sie also verschiedene Lösungen, diskutieren Sie die Für und Wider. So zeigen Sie, dass Sie wirklich am Erfolg des Lesers interessiert sind und nicht am Verkauf Ihres Produktes – und gerade das macht Sie als Anbieter attraktiv.

Subheads einfügen

Überschriften im Mini-Format.

Subheads helfen, Ihr White Paper in überschaubare, sinnvolle Einheiten zu gliedern. Der Leser kann sich orientieren, sein Auge findet stützende Ankerpunkte.

Mit Zwischenüberschriften machen Sie das Paper leichter verdaulich – der Leser sieht sich nicht einer endlosen Textwüste gegenüber. Vielmehr erwartet er sich eine kurzweilige Lektüre und ist daher motivierter, sich dem White Paper zu widmen.

Außerdem kann er sich die wichtigsten Teile herauspicken und sich ein erstes Bild über die Inhalte machen. Wenn er bei diesem ersten Scannen nützliche Infos findet, wird er den Text (später) intensiver durcharbeiten.

Tipps

Verschiedene Lesertypen ansprechen.

Manche Menschen – die „rationalen Analytiker" – werden Ihr White Paper sorgfältig von Anfang bis Ende durchlesen und sich sofort intensiv mit dem Text beschäftigen. Andere wiederum – die „emotionalen Impulsiven" – werden das Paper zunächst rasch überfliegen („scannen") und erst dann entscheiden, ob sie tiefer in die Materie eintauchen. Mit der Kombination aus ausführlichem Fließtext und zusammenfassenden Subheads erreichen Sie beide Lesertypen.

Überschrift ergänzen.

Sie können Subheads auch direkt unter dem Titel des White Papers einfügen. Sie wirken dann wie eine Verlängerung bzw. Ergänzung der Headline. Die Subheadline verstärkt die Aussage der Headline, enthält vertiefende Infos und bildet gleichzeitig einen Übergang zum Fließtext.

Einfach formulieren.

Diese Regel gilt für das gesamte White Paper, aber drücken Sie sich besonders bei den Zwischenüberschriften leicht verständlich aus. Warum? Weil Subheads dem schnellen Überblick dienen – mit der Betonung auf „schnell". Verklausulierte Formulierungen muss das Gehirn erst mühsam übersetzen und das kostet dem Leser (zu) viel Zeit.

Also schreiben Sie zum Beispiel statt „Verdreifachung des Abfallaufkommens bis zum Jahr 2015" besser „Bis 2015 wird sich der Abfall verdreifachen".

Auf den Inhalt achten.

Vermeiden Sie Subheads, die zwar gut klingen, aber nichts mit dem (darauf folgenden) Fließtext zu tun haben. Der Leser fühlt sich dann verwirrt und betrogen.

Tipps fürs Layout

Fürs Auge optimieren.

Nicht nur der Inhalt zählt, auch die optische Gestaltung. Achten Sie darauf, dass Ihr White Paper professionell und ansprechend wirkt und vor allem leicht lesbar ist. Das erreichen Sie unter anderem dadurch, dass Sie lange Textblöcke aufbrechen, wichtige Infos hervorheben und das Ganze mit Diagrammen und Bildern auflockern. Das Layout sollte signalisieren: „Ich bin leicht und schnell zu lesen" – schließlich wendet sich das White Paper meist an viel beschäftigte Manager und Experten.

Tipps

Cover.

Ein separates Titelblatt – ja oder nein? Die Antwort hängt von Ihrer Zielgruppe ab und ist meist nur durch Experimentieren herauszufinden.

Wenn Sie sich für eine extra Coverseite entscheiden, können Sie durch attraktives Design punkten: eine große Headline, die aufmerksam macht, ergänzt durch Untertitel, verstärkt durch ansprechende Farben, Grafiken und Fotos. Ein solches Cover wirkt auch aus der Entfernung.

Der Nachteil: Wenn Sie es mit der grafischen Aufmachung übertreiben, ähnelt Ihr White Paper zu sehr einer Broschüre oder ähnlichen Verkaufsmaterialien. Außerdem möchten manche Leser nicht erst umblättern müssen, um mehr über den Inhalt des Textes zu erfahren.

Wenn Sie das Titelblatt weglassen, startet der Text nach der Überschrift und dem Untertitel. So können Sie den Leser gleich mit der inhaltlichen Qualität des Papers überzeugen. Und außerdem benötigen Sie weniger grafische Kenntnisse.

Andererseits wirkt Ihr White Paper bei dieser Alternative optisch eher langweilig – es sticht nicht hervor.

Subheads.

Zwischenüberschriften erleichtern den Lesern das Scannen; zusammen mit der Info aus der Headline erfahren Ihre Leser, worum's geht und ob sich das Lesen des Fließtextes lohnt. Mit Subheadlines lockern Sie auch den Fließtext auf und gliedern ihn in sinnvolle, überschaubare, in sich abgeschlossene Einheiten. Der Leser kann sich besser orientieren und Zusammenhänge herstellen.

Seitenleisten.

Fügen Sie neben dem Fließtext einzelne Sätze bzw. kurze Absätze ein (in kleiner Schrift), die den Haupttext zusammenfassen. So erleichtern Sie eiligen Lesern die Lektüre Ihres White Papers – sie können das Paper überfliegen und werden mit den wichtigsten Infos versorgt.

Versehen Sie die zentralen Teile Ihres Papers mit solchen seitlichen Zusammenfassungen. Stößt der eilige Leser hier auf eine interessante Information, kann er den dazugehörigen Absatz im Fließtext lesen.

Pull Quotes.

Mit Pull Quotes betonen Sie wichtige Textteile und machen den Leser auf sie aufmerksam. Dazu wiederholen Sie Sätze aus dem Text („pull") und gestalten Sie grafisch so, dass sie auf den ersten Blick herausstechen (größere Schrift, fett, kursiv etc.).

So erleichtern Sie dem Leser die Orientierung und machen den Text optisch ansprechender – allerdings nur, wenn Sie die Pull Quotes sparsam einsetzen.

Listen.

Listen gehören zu den dankbarsten Formaten: Sie sind übersichtlich, leicht verständlich und werden gerne immer wieder als Referenz herangezogen.

Und sie sind auch wichtige Entscheidungshilfen – ein Umstand, der gerade bei White Papers nützlich ist. Das heißt: Bereiten Sie die zentralen Auswahl-, Analyse- oder Investitionskriterien in Listenform auf. Zum Beispiel: „Worauf Sie beim Kauf einer Melkmaschine achten müssen" oder „10 Kriterien für sichere Geldanlage" oder „Wann sich der Kauf einer gebrauchten Abfüllanlage lohnt".

Diagramme.

Ergänzen Sie Ihre Aussagen zu Zahlen, Entwicklungen, Trends etc. mit einfachen Grafiken und Diagrammen. Sie helfen damit dem Leser, komplexe Zusammenhänge leichter zu verstehen.

Kontaktinformation.

Im White Paper vermarkten Sie sich nicht, sondern bieten dem Leser neutrale, hilfreiche Informationen. Dennoch sollten Sie dafür sorgen, dass sich Ihr Firmenname im Blickfeld des potenziellen Kunden befindet und er jederzeit Ihre Kontaktdaten findet.

Dazu können Sie die oberen und unteren Blattränder nutzen – platzieren Sie zum Beispiel Ihr Logo oben rechts auf jeder Seite und Ihre Webadresse in der Fußzeile.

Literatur

Content Marketing Institute / MarketingProfs: B2B Content Marketing: 2012 Benchmarks, Budgets & Trends. o. O., 2012.

Eccolo Media: 2011 B2B Technology Collateral Survey Report. San Francisco, 2011.

Handley, Ann/Chapman, C. C.: Content Rules – How to Create Killer Blogs, Podcasts, Videos, Ebooks, and Webinars (and More) that Engage Customers and Ignite your Business. Hoboken, 2010.

Hastedt, Rainer: White-Paper-Leitfaden. Leipzig, 2010.

Stelzner, Michael A.: Writing White Papers: How to Capture Readers And Keep Them Engaged. Poway, 2007.

Internetquellen:

imittcopy.com

whitepapermarketing.de

www.ghostwriting-service.de

www.hoffmanmarcom.com

www.pragmaticmarketing.com

www.whitepapercompany.com

www.whitepapersource.com

www.writingwhitepapers.com

www.writing-world.com

Die Autorin

Ich arbeite als freie Werbetexterin, Journalistin und Fachautorin in Innsbruck – schon seit mehr als zehn Jahren. Meine Kunden sind Unternehmen, Agenturen und Verlage in den unterschiedlichsten Größen und Branchen: vom Pharmakonzern bis zur Lustermanufaktur, vom Tourismusverband bis zum Baumeister. In A, D, CH und I.

Seit 2010 verfasse ich eBooks zu den Themen Werbetext, Marketing und Bloggen. Sie sind schlanke Ratgeber für viel beschäftigte Praktiker: kompakt, Zeit sparend, sofort umsetzbar.

Noch ein paar Fakten:

Jahrgang 1974; promovierte Betriebswirtin; Praxiserfahrung in Banken, Handel und Unternehmensberatung; Mitglied des Markenmanagement-Netzwerkes brandpi.

Mehr ...

... Text- und Marketingwissen gibt's in meinem Newsletter (abonnieren auf www.textshop.biz/cat/index/sCategory/1181)

... nützliche Tipps finden Sie auch in meinem TextShop: www.textshop.biz

Fragen?

Ich bin gerne für Sie da: office@textshop.biz

www.ingramcontent.com/pod-product-compliance
Lightning Source LLC
Chambersburg PA
CBHW061517180526
45171CB00001B/221